うぐいすと穀雨の
パンとお菓子

鈴木菜々

うぐいすと穀雨のこと

私の祖父も父も、それぞれに自分のお店を持っていた人で
私も幼い頃から、いつか自分もお店を持つと、自然に思っていました。

"お店を持つ"という気持ちが先に決まっていて
そこで"何をしたいか"という仕事の探し方でした。

自分の中にいろいろな選択肢があり、多くのことに興味がありました。
私のしたかった仕事は、"人を元気にする"ということ。
それを、叶える手段はさまざまで、その中のひとつとして
「うぐいすと穀雨」を、オープンしました。

この特徴的な店名は、映画のタイトルのように
叙情的な印象を受ける言葉を探していて、
ある日「穀雨」という季節の名前を知ったときに
これだと直感して決めました。
冬枯れの枝に、うぐいすがやって来る。
蕾が膨らみ、花が咲き始め、うぐいすは飛び立ち、葉が茂る風景。
ときの流れの中で、人が立ち止まって、おなかを満たして
心を落ち着けられる場所を作りたかったのです。

そのためには、ただパンを焼いて売るというスタイルではなく、
空間全体を感じて、息を深く吸い込み、
ゆっくりと温かな食事を摂るスペースが必要だと感じました。

パンを焼くという仕事だけで仕込みに時間を費やしますが、
空間と併せて初めて、私の理想が実現できるため、
営業日数は少なくても、今のスタイルを貫こうと決めました。
オープンしてから4年を過ぎた今、
そのことをしっかりと受け取ってくれるお客様が
たくさん訪ねてくださり、とても嬉しいです。

そして、それを叶える空間を生み出すために力を貸してくれた人に
出逢えた奇跡が、今へと繋がっていると感じます。

いろいろな、ひとつひとつの思い出や、ご縁が重なり、
交わり合って支え合って続けてこられている場所です。
ひとりでは、ここまで来られなかったと、常々思っています。

パンとお菓子のこと

高校生の頃から、洋菓子に興味があり、
パティシエを目指そうと思っていました。

その頃、パンにはあまり興味がなく、
初めて作ったのは、24歳くらいになってから。
そのときに"自分には、これが向いている"と感じました。

頭で考えたり、本を読んだり、調べたりするのと違う感覚で、
パンのことが分かる気がしました。
それは最初から上手に焼けたということではなく、
何度も繰り返し、生地と向き合うことで
少しずつ相手のことが理解できるというイメージです。
人に手渡したり、分け合ったりしやすいこと、
日常の中で、必要なものだという点にも惹かれました。

特別な日に食べる洋菓子もよいけれど、
毎日、当たり前のように何気なく食べる。
けれど、その積み重ねが明日へ繋がっていく存在。
そういうものが、作りたいと思いました。

「まいにち」という、食パンの名前の由来は
"毎日朝ごはんを食べて1日を元気に過ごせますように"
という願いを込めています。

限られた仕込み時間と販売スペースの中で
「うぐいすと穀雨」を表現できるように
パンの味だけでなく、形、佇まい、
すべてのバランスを考えて作ったレシピです。
どのパンが主役ということでなく、
それぞれがお互いを引き立て合って並び、
さまざまなお客様が選びやすいようにしています。

そしてその ひとつひとつが心にも身体にも"栄養"となって
たくさんの人に届いていくことが私の願いです。

パンを食べて、少しでも食べる前より元気になってもらえたら
そのことが、私がパンを作ることで得られるいちばんの幸せです。

「うぐいすと穀雨」店主　鈴木 菜々

CONTENTS

うぐいすと穀雨のこと　6

パンとお菓子のこと　8

《パンを焼く》

まいにち　14

"まいにち"と楽しむジャム

　レモンジャム　22

　プラムジャム　22

　ブルーベリージャム　22

　りんごジャム　23

　いちごジャム　23

"まいにち"で作るトーストとサンド

　クロックマダム　28

　サラミとチーズのトースト　28

　フレンチトースト　29

　フルーツサンド　29

"まいにち"の生地でいろんなパンを焼く

　ロールパン　32

　ドッグパン　33

　コーンパン　36

　あんぱん　37

　あまぐり　37

　さくら　37

わっか　40

"わっか"で作るサンドとトースト

　サーモンとクリームチーズのサンド　44

　ラムレーズンサンド　44

　ハニーバタートースト　45

フランス　47

ハーブ　47

いなほ　51

シナモンロール　55

《パンのおとも》

パンと一緒に楽しむスープ

　にんじんとしょうがのスープ　61

　トマトクリームスープ　61

　さつまいものスープ　62

　ビシソワーズ　63

ラタトゥイユ　64

グリルチキン　66

オムレツ　68

キャロットラペ　68

《キッシュ、焼き菓子》

キッシュタルト　73

3種のスコーン　78

2種のビスコッティ　80

胡桃のクッキー　84

チョコチップクッキー　85

けしの実とクリームチーズのパウンドケーキ　86

バナナとチョコのパウンドケーキ　89

《身体を癒すハーブティー》

「うぐいすと穀雨」でよく使うハーブ　92

季節のハーブティー　93

材料と道具　94

◎パンとお菓子を焼く前に

・本書で紹介しているパンとお菓子は、家庭用オーブンで一度に作りやすい分量になっています。

・オーブンは使う前に、しっかり予熱してから焼いてください。

・本書で紹介しているパンとお菓子は家庭用オーブンで焼成する際の温度、時間を紹介しています。オーブンの機種や性能により、差があります。
　焼き上がりは本書の写真を参考にし、しっかり予熱をしてから記載されている時間で焼けるように温度を調整してください。

◎料理を作る前に

・小さじ1は5㎖、大さじ1は15㎖、1カップは200㎖です。

・ごく少量の調味料の分量は「少々」で親指と人差し指でつまんだ分量、「ひとつまみ」は親指と人差し指、中指でつまんだ分量になります。

・「適量」はちょうどよい分量、「適宜」は好みで入れなくてもよいということです。

・「バター」と表記している場合は有塩、無塩、どちらを使用してもかまいませんが、使うものにより塩加減を調整してください。

パンを焼く

―――――

日々、パンは生きているなと思います。
大事に作ると美味しくなり、いつもと違うと敏感に反応します。
季節や環境に影響されるところは、赤ん坊のようです。

まいにち

....

食感もよく、ほどよいもっちり感と軽さ。
老若男女、どんな方にも
好きになってもらえるような
食パンにしたくて、生まれたレシピです。
日々の積み重ね、暮らしに寄り添う
存在になれるように願いを込めて。

材料〈半斤型2個分、もしくは1斤型1個分〉

強力粉　125g
ポーリッシュ種（右ページ参照）　全量
ドライイースト　3g
きび砂糖　7g
グラニュー糖　7g
塩　5g
スキムミルク　5g
湯（50〜60℃）　60g
無塩バター　13g
（室温に戻す。生地と同じくらいのやわらかさがよい）

作り方　p.16 >>

ポーリッシュ種の作り方

ポーリッシュ種で仕込むパンは、
甘みと深みが増して、とても美味しくなります。
生地に入れる塩もイーストも最小限に少なく、
小麦の風合いを引き出してくれます。

材料 〈作りやすい分量〉

強力粉　125g

ドライイースト　1g

ぬるま湯（30℃程度）　125g
＊冬場は湯の温度を気持ち上げるとよい。

作り方

1｜ボウルにすべての材料を入れ、全体を混ぜ合わせる（A）（B）。

2｜ラップを被せて26℃以上の室温で表面に気泡ができるまで3時間以上予備発酵させる。気温の低い時期は火を使っているキッチンに、または温かいオーブンの上に置くとよい。

3｜冷蔵庫に入れて8時間以上置く。気泡が増えたら使い頃（C）。冷蔵庫で12時間保存可能。

作り方

生地をこねる

1 | ボウルに無塩バター以外の材料を入れ（A）、握りつぶすようにしながら粉に水分を吸水させる（B）。

2 | 粉がしっかり吸水したら（C）、打ち粉（分量外）をふった台にのせる（D）。

3 | "生地をのばして丸める"を打ち粉を表面に少しふりながらくり返す（E）（F）。打ち粉をたくさん使うと、まとまりにくくなるので注意。

4 | 全体がまとまり、表面がなめらかになってきたら広げた生地に無塩バターを塗り広げ（G）、さらに"生地をのばして丸める"をくり返す。

5 | バターが完全に混ざり、生地が切れなくなってきたら、"台に生地を打ちつけてたたむ"を生地にツヤが出るまで20分ほどくり返す（H）。練り上がりの生地が26℃になるように調整する。もし温度が高ければ、一次発酵の時間を短めに、逆に低いようであれば、ゆっくり長めに調整する。

一次発酵

6 | 丸めた生地をサラダ油(分量外)を薄く塗ったボウルに入れる。湯の入ったマグカップとともにオーブンに入れて庫内が30℃になるようにし、50〜60分置く。生地の温度や環境、季節によって最適な時間が変化する。マグカップの湯が冷めたら、その都度湯を交換する。発酵の目安は指で生地を押し、凹んだ穴がゆっくり戻ろうとする程度がよい(A)。穴がすぐに戻ってきて、弾力がある場合は、もう少し時間を置く。

分割

7 | 生地に打ち粉をふり、ボウルをひっくり返して台にゆっくり落とし、4等分に分割する(B)。生地が切れないように注意しながら表面がつるりとするようにやさしく丸め(C)、閉じ目をしっかり閉じる(D)。

ベンチタイム

8 | 大きめのボウルを被せるか、密閉容器に入れて20〜30分置く(E)。

成形

9 | 打ち粉をふった台にのせ、余分な空気を抜くように手のひらでつぶし（A）、中心線に向かって生地をたたみ、さらに半分にたたむ（B）。閉じ目を摘んでしっかり閉じ（C）、閉じ目を下にしてサラダ油（分量外）を薄く塗った型に生地を並べる（D）。

二次発酵

10 | 湯を入れたマグカップとともにオーブンに入れて庫内が30℃になるようにし、60分ほど発酵させる。マグカップの湯が冷めたら、その都度湯を交換する。型の縁より2cm盛り上がる程度まで発酵させる（E）。

* オーブンに天板を入れ、230℃に予熱する。
* 二次発酵で同じオーブンを使う際は、焼成するタイミングを見計らい、生地を出して予熱をスタートさせる。
* 生地は乾燥しないように乾いたフキンをかけておく。

焼成

11 | 温めたオーブンを190℃に下げ、あればスチーム機能を使う。温めた天板の上に生地を入れた型をのせ、18分ほど焼く。焼き色を確認し、きつね色になっていたらオーブンから取り出す。焼き色は薄いと生地が凹んでしまい、濃過ぎると、しっとりとした表面の食感が失われてしまうので注意する。焼きムラがある場合は、途中で型を反転するとよい。

12 | 型を軽く台に打ちつけて蒸気を抜き、素早く型から取り出して、ケーキクーラーにのせて冷ます。

レモンジャム / プラムジャム / ブルーベリージャム p.22 >>

"まいにち"と楽しむジャム

「まいにち」やパウンドケーキのおともに
季節の果物を使ったジャムを手作りしています。
果物本来の甘さ、パンの味を楽しんでもらいたいので、
お砂糖は保存に支障がない程度に控えめです。

いちごジャム / りんごジャム p.23

レモンジャム

甘酸っぱくて、ほんのりビター。
手間ひまかけただけ、美味しくなります。

材料 〈作りやすい分量〉

レモン　400g
グラニュー糖　280g（レモンの70%）

作り方

1｜レモンはよく洗い、黄色い部分の皮をむく。白い部分が残っていたら丁寧に削ぎ取り（A）、細めのせん切りにする（B）。

2｜果肉は白い皮を丁寧に切り取り、果肉だけを取り出す。

3｜鍋に1と2、被る程度の水（分量外）を入れて中火にかける。沸騰したらザルに上げて水気をきり、再び鍋に戻し、グラニュー糖を加える。

4｜弱火にかけ、レモンの皮が透き通るまで煮詰める。

5｜粗熱が取れたら清潔な瓶に入れ、冷蔵庫で2週間ほど保存可能。

プラムジャム

私がいちばん好きなプラムジャム。
初夏の時期、待ち遠しくなる味です。

材料 〈作りやすい分量〉

プラム　1パック（550〜600g）
グラニュー糖　320g（プラムの60%）
レモン果汁　大さじ2

作り方

1｜プラムはよく洗う。皮つきのまま種を除き、2cm角に切る。

2｜鍋にすべての材料を入れ、弱火でアクを取りながらじっくりと煮る。

3｜果実が煮崩れ、とろみがついたら火を止める。皮が気になる場合は、裏漉ししてもよい。

4｜粗熱が取れたら清潔な瓶に入れ、冷蔵庫で2週間ほど保存可能。

ブルーベリージャム

ブルーベリーの食感が残るように
実はつぶさずに、形を残して煮ます。

材料 〈作りやすい分量〉

ブルーベリー　200g
グラニュー糖　60g（ブルーベリーの30%）
レモン果汁　大さじ1

作り方

1｜ブルーベリーはよく洗い、水気をふく。

2｜鍋にすべての材料を入れ、弱火でじっくりと煮る。途中アクが出るようであれば取り、20〜30分煮て火を止める。

3｜粗熱が取れたら清潔な瓶に入れ、冷蔵庫で2週間ほど保存可能。

りんごジャム

食感を残したゴロゴロりんごに仕上げます。
りんごは通年手に入るので、常備しやすいです。

材料〈作りやすい分量〉

りんご（紅玉など）　2個（400g）
りんごジュース　90g
グラニュー糖　80g（りんごの20％）
レモン果汁　適量

作り方

1｜りんごは皮をむいて芯を取り除き、1㎝程度の角切りにする。作業中、りんごが変色しないようにレモン果汁をかけておく。

2｜鍋に1と残りの材料を入れ、弱火でアクを取りながらじっくりと煮る。

3｜りんごがやわらかくなってきたら、木ベラでりんごをつぶす。

4｜粗熱が取れたら清潔な瓶に入れ、冷蔵庫で2週間ほど保存可能。

いちごジャム

つぶつぶとした食感、口溶けのよい舌触り。
透き通った赤色も、私の好きな色です。

材料〈作りやすい分量〉

いちご（とちおとめなど）　2パック（450g）
グラニュー糖　135g（いちごの30％）
レモン果汁　大さじ1

作り方

1｜いちごはよく洗って水気をふき、ヘタを取る。

2｜鍋に1と残りの材料を入れて中火にかける。沸騰したら弱火にし、アクを取りながらじっくり煮る。

3｜いちごが透き通り、鮮やかな色になったら火を止める。

4｜粗熱が取れたら清潔な瓶に入れ、冷蔵庫で2週間ほど保存可能。

そのまま食べても美味しい食パンですが、
まかないでスタッフに作って、それが好評で、
メニューになったりしたトーストやサンドもあります。
私が好きな"まいにち"の食べ方を紹介します。

"まいにち"で作る
トーストとサンド

クロックマダム p.28>>

サラミとチーズのトースト p.28

フレンチトースト p.29 >>

"まいにち"で作るトーストとサンド

フルーツサンド p.29

クロックマダム

クロックムッシュに目玉焼きをのせると、マダム。
ベシャメルソースは多めに作り、グラタンに使っても。

材料〈1人分〉

まいにち（1.5cmスライス）　2枚

ベシャメルソース（作りやすい分量）

| バター　15g
| 薄力粉　15g
| 生クリーム　125g
| 牛乳　50g〜
| 塩　適量
| 胡椒　少々

ベーコン（ハーフサイズ）　2枚

グラナパダーノチーズ　適量
（またはパルメザンチーズ）

目玉焼き　1個

黒胡椒　適宜

好みのハーブ　適宜

作り方

1｜ベシャメルソースを作る。フライパンを弱火で熱
し、バターを溶かして薄力粉を加えて混ぜる。焦げな
いように混ぜながら、少しずつ生クリームを加え、泡
立て器でダマにならないように溶く。好みのとろみ加
減になるまで牛乳を加え、塩と胡椒で味を調える。

2｜まいにちにベシャメルソースを塗る。ベーコンを
のせ、もう1枚のまいにちを重ねて再度ソースを表面
に塗る。

3｜すりおろしたグラナパダーノチーズをふり、オー
ブントースターでこんがり焼き色がつくまで10分ほ
ど焼く。

4｜器に盛り、好みの焼き加減で焼いた目玉焼きをの
せて黒胡椒をふり、ハーブを添える。

サラミとチーズのトースト

まかないで作っていたものが、定番メニューに。
サラミの塩気がアクセントになります。

材料〈1人分〉

まいにち（3cmスライス）　1枚

レッドチェダーチーズ　適量
（シュレッドタイプ）

サラミ（薄切り）　2枚

バジル（ドライ）　適宜

作り方

1｜まいにちにレッドチェダーチーズとサラミをのせ
る。オーブントースターでこんがり焼き色がつくまで
10分ほど焼く。

2｜器に盛り、好みでバジルをふる。

フレンチトースト

じっくりと香ばしく焼き上げたトースト。
パンの耳もしっかり焼くのがポイントです。

材料〈1人分〉

まいにち（3cmスライス）　1枚
アパレイユ
| 卵　1個
| グラニュー糖　30〜40g
| 牛乳　大さじ1
バター　適量
メープルシロップ　適量

作り方

1｜アパレイユを作る。ボウルに卵を割りほぐし、グラニュー糖と牛乳を加えて混ぜる。

2｜1にまいにちを浸す。途中、裏返して卵液をまんべんなく吸わせる。

3｜フライパンにバターを弱火で溶かし、片面1分ずつ焼き目がつくまで焼く。表面だけでなく、耳もトングなどを使い、しっかり焼く。

4｜器に盛り、バターをのせ、メープルシロップをかけていただく。

フルーツサンド

クリームにマスカルポーネを加えて、コクをプラス。
果物のフレッシュさ、甘みも引き立ててくれます。

材料〈1人分〉

まいにち（1.5cmスライス）　2枚
チーズクリーム
| マスカルポーネチーズ　50g
| 生クリーム　50g
| きび砂糖　大さじ1/2
| ラム酒　小さじ1/2
お好みのフルーツ　適量

作り方

1｜チーズクリームを作る。すべての材料をボウルに入れ、泡立て器でしっかりかためにホイップする。

2｜まいにちの真ん中にチーズクリームの半量を丸くのせる。塗り広げないのがコツ。

3｜フルーツを食べやすく切り、断面が見えるように2の上にのせる。残りのクリームをのせてもう1枚のまいにちでサンドし、軽く手のひらで押さえる。

4｜ラップでぴったり包み、冷蔵庫で少し冷やしてから、ラップごと好みの形に切る。冷蔵庫で冷やすと、パンとクリームが馴染み、切りやすくなる。

ロールパン p.32 >

"まいにち"の生地で
いろんなパンを焼く

"まいにち"の生地はいろんなパンに使えます。
ロールパンや、ドッグパンなどの食事パン、
お店でも人気のあんぱんやコーンパンの生地にもなります。
ぜひ、多めに仕込んで作ってみてください。

ドッグパン p.33 »

ロールパン

成形が少し難しいロールパン。
ゆるまないようにきつく巻くのがコツです。

材料（8個分）

「まいにち（p.14）」全量

作り方

生地をこねる 〜 一次発酵 まで
「まいにち（p.16〜17）」と同じ。

分割

1｜生地に打ち粉をふり、ボウルをひっくり返して台にゆっくり落とす。8等分に分割し、生地が切れないように注意しながら転がして細めの棒状にし（A）、閉じ目を摘んでしっかり閉じる。

ベンチタイム

2｜大きめのボウルを被せるか、密閉容器に入れて20〜30分置く。

成形

3｜打ち粉をふった台に生地を縦長に置き、奥が幅広くなるように麺棒を手前に転がしなら生地をのばす（B）。奥の生地の両端を持ち（C）、ゆるまないように手前へくるくると生地を巻く（D）（E）。

二次発酵

4｜オーブン用シートを敷いた天板に並べる。湯を入れたマグカップとともにオーブンに入れて庫内が30℃になるようにし、60分ほど発酵させる。マグカップの湯が冷めたら、その都度湯を交換する。

* オーブンを190℃に予熱する。
* 二次発酵で同じオーブンを使う際は、焼成するタイミングを見計らい、生地を出して予熱をスタートさせる。
* 生地は乾燥しないように濡れフキンをかけておく。

焼成

5｜温めたオーブンに入れ、あればスチーム機能を使って10〜15分焼く。一度に焼けない場合は、濡れフキンを被せ、冷蔵庫に置いておく。

6｜焼き色を確認し、きつね色になっていたらオーブンから取り出し、ケーキクーラーにのせて冷ます。ショックを与えることで、表面のシワを防ぐことができる。

ドッグパン

型がなかったら、まずはこのパンを焼いても。
成形も難しくなく、具材を挟んで楽しめます。

材料 〈5本分〉

「まいにち（p.14）」 全量

作り方

生地をこねる 〜 一次発酵 まで
「まいにち（p.16〜17）」と同じ。

分割

1｜生地に打ち粉をふり、ボウルをひっくり返して台にゆっくり落とす。5等分に分割し、生地が切れないように注意しながら表面がつるりとするようにやさしく丸め、閉じ目をしっかり閉じる。

ベンチタイム

2｜大きめのボウルを被せるか、密閉容器に入れて20〜30分置く。

成形

3｜打ち粉をふった台にのせ、余分な空気を抜くように手のひらで横長につぶす（A）。中心線に向かって生地をたたみ（B）、さらに半分にたたんで、閉じ目を摘んでしっかり閉じる（C）。

二次発酵

4｜オーブン用シートを敷いた天板に並べる。湯を入れたマグカップとともにオーブンに入れて庫内が30℃になるようにし、60分ほど発酵させる。マグカップの湯が冷めたら、その都度湯を交換する。

* オーブンを190℃に予熱する。
* 二次発酵で同じオーブンを使う際は、焼成するタイミングを見計らい、生地を出して予熱をスタートさせる。
* 生地は乾燥しないように濡れフキンをかけておく。

焼成

5｜温めたオーブンに入れ、あればスチーム機能を使って10〜15分焼く。焼きムラがある場合は、途中で天板を反転するとよい。

6｜焼き色を確認し、きつね色になっていたらオーブンから取り出す。台に軽く打ちつけてショックを与え、ケーキクーラーにのせて冷ます。ショックを与えることで、表面のシワを防ぐことができる。

A

B

C

卵サンド 〈1本分〉

茹で卵1個をフォークでつぶす。マヨネーズ適量を加えて好みのかたさにし、塩と胡椒で味を調える。ドッグパンに切り込みを入れ、卵サラダをふわっと挟み、好みでドライパセリ少々をふる。

コーンパン p.36 »

"まいにち"の生地でいろんなパンを焼く

あんぱん / あまぐり / さくら p.37

コーンパン

小さなお子さまや、男性にも人気のパンです。
ツナをのせたり、カレー味の挽き肉をのせても。

材料〈4個分〉

「まいにち（p.14）」 半量
具材
　スイートコーン　90g
　ベーカーズマヨネーズ　75g
パセリ（ドライ）　適量

作り方

生地をこねる 〜 一次発酵 まで
「まいにち（p.16〜17）」と同じ。

分割

1｜生地に打ち粉をふり、ボウルをひっくり返して台にゆっくり落とし、4等分に分割する。余分な空気を抜くように手のひらでつぶし（A）、肉まんを包む要領で閉じ目を摘んでしっかり閉じ（B）、真ん中に指で穴を開ける（C）。

ベンチタイム

2｜大きめのボウルを被せるか、密閉容器に入れて20〜30分置く。

二次発酵

3｜オーブン用シートを敷いた天板に並べ、湯を入れたマグカップとともにオーブンに入れて庫内が30℃になるようにし、40〜50分ほど発酵させる（D）。

＊オーブンを190℃に予熱する。
＊二次発酵で同じオーブンを使う際は、焼成するタイミングを見計らい、生地を出して予熱をスタートさせる。
＊生地は乾燥しないように濡れフキンをかけておく。

焼成

4｜発酵した生地の中心に打ち粉をのせ、再度指で中心をしっかり凹ませる（E）。その凹みにスイートコーンとベーカーズマヨネーズを混ぜたものを等分にしてのせる。

5｜温めたオーブンに入れ、あればスチーム機能を使って12分ほど焼く。

6｜焼き色を確認し、きつね色になっていたらオーブンから取り出して、ケーキクーラーにのせて冷まし、パセリをふる。

あんぱん / あまぐり / さくら

じんわりとやさしい甘みが口の中に広がる、
まん丸い、小ぶりのあんぱんたちです。

◎ あんぱん

材料〈6個分〉

「まいにち（p.14）」 半量
具材
　練りこしあん　140g
　クリームチーズ（バター風味のもの）　60g
炒り胡麻（黒）　適量

作り方

生地をこねる 〜 一次発酵 まで
「まいにち（p.16〜17）」と同じ。

分割

1｜生地に打ち粉をふり、ボウルをひっくり返して台にゆっくり落とす。6等分に分割し、余分な空気を抜くように手のひらでつぶし、肉まんを包む要領で閉じ目を摘んでしっかり閉じる。

ベンチタイム

2｜大きめのボウルを被せるか、密閉容器に入れて20〜30分置く。

成形

3｜余分な空気を抜くように手のひらで丸い形につぶす。具材を順にのせ（A）、指で具材を押さえながら包んでいく（B）。丸く形を整え、サラダ油（分量外）を薄く塗った直径7cmのデニッシュ型か、アルミカップにのせ（C）、炒り胡麻をのせる。

二次発酵

4｜天板に並べ、湯を入れたマグカップとともにオーブンに入れて庫内が30℃になるようにし、60分ほど発酵させる。

＊オーブンを190℃に予熱する。
＊二次発酵で同じオーブンを使う際は、焼成するタイミングを見計らい、生地を出して予熱をスタートさせる。
＊生地は乾燥しないように濡れフキンをかけておく。

焼成

5｜温めたオーブンに入れ、あればスチーム機能を使って12分ほど焼く。

6｜焼き色を確認し、きつね色になっていたらオーブンから取り出し（D）、ケーキクーラーにのせて冷ます。

◎ あまぐり

材料〈6個分〉

「まいにち（p.14）」 半量
具材
　栗あん　90g
　練りこしあん　50g
　甘栗　6個
炒り胡麻（白）　適量

作り方

生地をこねる 〜 一次発酵 まで「まいにち（p.16〜17）」と同じ。
分割 以降は、右を参照。

◎ さくら

材料〈6個分〉

「まいにち（p.14）」 半量
具材
　さくらあん　90g
　こしあん　60g
アイシング　適量
桜の塩漬け　6個
ピスタチオ　適量

作り方

生地をこねる 〜 一次発酵 まで「まいにち（p.16〜17）」と同じ。
分割 以降は、右を参照。
仕上げにアイシングをかけ、塩抜きして水気をふいた桜の塩漬け、刻んだピスタチオをのせる。

わっか

ねじって繋げるベーグルは、手で裂くと、
もっちりしていて繊維のような生地が特徴です。
二次発酵も必要ないので手軽に作れ、
パン作りが初心者の方にも作りやすいと思います。

わっか

ねじって成形しているので
茹でているときにほどけないように
しっかり輪をつなぐことがコツです。

材料〈8個分〉

強力粉　450g
グラニュー糖　23g
塩　11g
スキムミルク　15g
ドライイースト　3.5g
無塩バター　15g
（室温に戻す。生地と同じぐらいのやわらかさがよい）
ぬるま湯（40℃程度）　250g
＊冬場は湯の温度を気持ち上げる。

作り方

生地をこねる

1｜ボウルにすべての材料を入れ、握りつぶすようにしながら粉に水を吸水させる。

2｜粉がしっかり吸水したら、打ち粉（分量外）をふった台にのせる。

3｜"生地をのばして丸める"を打ち粉を表面に少しふりながらくり返す。

4｜全体がまとまり、なめらかになってきたら"台に生地を打ちつけて丸める"をくり返す。少しかための生地なので、表面にハリが出てくるまで打ちつけて生地を引き締める。

一次発酵

5｜丸めた生地をサラダ油（分量外）を薄く塗ったボウルに入れる。湯の入ったマグカップとともにオーブンに入れて庫内が30℃になるようにし、50〜60分置く。生地の温度や環境、季節によって最適な時間が変化する。マグカップの湯が冷めたら、その都度湯を交換する。発酵の目安は指で生地を押し、凹んだ穴がゆっくり戻ろうとする程度がよい（A）。穴がすぐに戻ってきて、弾力がある場合は、もう少し時間を置く。

分割

6｜生地に打ち粉をふり、ボウルをひっくり返して台にゆっくりと落として8等分に分割する。生地が切れないように注意しながら生地の表面がつるりとするようにやさしく丸め（B）、肉まんを包む要領で閉じ目を摘んでしっかり閉じる。

ベンチタイム

7｜大きめのボウルを被せるか、密閉容器に入れて20〜30分置く。

成形

8 │ 少しだけ打ち粉をふった台に生地をのせ、手のひらで横長につぶす。中心線に向かって生地をたたみ、さらに半分にたたんで（A）、閉じ目を摘んで閉じる（B）。転がしながら18cm長さの棒状にのばす（C）。

9 │ 生地の右端を麺棒で平たくのばし（D）、のばした部分を手のひらで押さえながら、左手で生地を手前にねじる（E）。

10 │ ねじった生地がゆるまないよう右端の平たくのばした生地で左端を包み（F）、ほどけないようにしっかりつなぐ（G）（H）。

＊オーブンを200℃に予熱する。
＊天板にオーブン用シートを敷く。
＊大きめの鍋に深さ5〜6cmの湯を沸かし、砂糖小さじ1（分量外）を加える。

茹でる

11 │ 沸騰して砂糖を加えた湯に10を表面になる面を下にして、静かに入れる。30秒ほど茹でたら、裏返してさらに30秒ほど茹でて網ですくい（I）、天板に並べる（J）。長く茹で過ぎると、シワが出てしまうので注意する。一度に焼けない場合は、茹でずに濡れフキンを被せておく。

焼成

12 │ 温めたオーブンに入れて9分焼き、裏返して4〜6分焼く。

13 │ 焼き色を確認し、きつね色になっていたらオーブンから取り出し、台に軽く打ちつけてショックを与え、ケーキクーラーにのせて冷ます。ショックを与えることで、表面のシワを防ぐことができる。

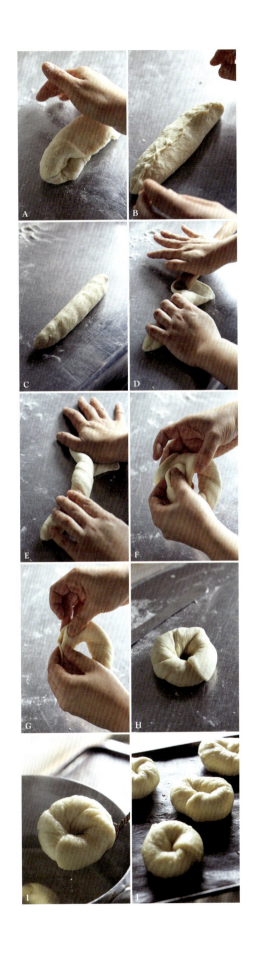

もっちり、しっとりのベーグルは食べ応えもあり、
おやつにも、食事にもなります。
シンプルにトーストするのもおすすめですが、
クリームチーズを挟んだレシピも美味しいです。

"わっか"で作る
サンドとトースト

サーモンとクリームチーズのサンド p.44 >>

ラムレーズンサンド p.44

"わっか"で作るサンドとトースト

サーモンと
クリームチーズの
サンド

....

ディルの爽やかな香りがサーモンによく合います。
スライスしたアボカドを挟むのもおすすめです。

材料 〈1人分〉

わっか　1個
スモークサーモン　3枚
クリームチーズ　適量
サニーレタス　適量
紫玉ねぎ　適量
ケイパー（塩漬け）　適量
ディル　適量

作り方

1｜紫玉ねぎは薄切りにし、水にさらす。

2｜わっかは半分の厚さに切る。

3｜下半分にサニーレタスをのせ、スモークサーモン
を半分に折ってのせる。

4｜3に水気をきった紫玉ねぎ、ケイパー、ディルを
のせ、クリームチーズを塗った上半分をのせてサンド
する。

ラムレーズンサンド

....

ラム酒の芳醇な香りが魅力のラムレーズンサンド。
胡桃を混ぜて食感をプラスしても。

材料 〈1人分〉

わっか　1個
ラムレーズン（市販品）　20g
クリームチーズ　50g
グラニュー糖　5g
レモン果汁　適量

作り方

1｜クリームチーズは室温に戻す。

2｜わっか以外の材料をボウルに入れ、よく混ぜ合わ
せる。

3｜わっかを半分の厚さに切り、2をサンドし、半分
に切る。

ハニーバタートースト

私が大好きなわっかの食べ方です。
表面はサクッと、中はもっちり。
簡単ですが、元気が出る、朝ごはんです。

材料と作り方

わっかを半分の厚さに切り、オーブントースターでこんがり焼く。
バターをのせ、はちみつをたっぷりかけていただく。

フランス／ハーブ

....

生地をひと晩寝かせて、深みのある味に。
小ぶりに作っているので、皮の香ばしさが存分に楽しめます。

◎ フランス

材料〈8個分〉

強力粉　150g
中力粉　100g
ドライイースト　2.5g
塩　5g
冷水　160g
（氷でキンキンに冷やしておく）

◎ ハーブ

材料〈8個分〉

強力粉　150g
中力粉　100g
ドライイースト　2.5g
塩　5g
エルブ・ド・プロヴァンス　3g
オリーブオイル　25g
冷水　160㎖
（氷でキンキンに冷やしておく）

作り方
「フランス」と同じ。

作り方

生地をこねる

1｜ボウルにすべての材料を入れて混ぜ、3分ほど軽くこねる（A）。この時点で生地の表面はゴツゴツしていてよい。

一次発酵

2｜生地を丸く整え、オリーブオイル（分量外）を薄く塗ったボウルに入れる。湯の入ったマグカップとともに大きめのボウルを被せ、60分ほど置く（B）。生地の温度や環境、季節によって最適な時間が変化する。マグカップの湯が冷めたら、その都度湯を交換する。オーブンの庫内に湯を入れたマグカップとともに入れて発酵させてもよい。その場合も湯が冷めたら交換する。発酵の目安としては生地を指で押し、凹んだ穴がゆっくり戻ろうとする程度がよい。穴がすぐに戻ってきて、弾力がある場合は、もう少し時間を置く。

3｜ラップを被せ、冷蔵庫で1時間以上冷やす。この作業を行わないと、生地の締まりが悪くなり、二次発酵の間に生地が発酵し過ぎて焼成時にきれいな形を保てなくなる。

フランス / ハーブ

分割

4 | 3を冷蔵庫から取り出し、打ち粉（分量外）をふる。ボウルをひっくり返して台にゆっくりと落とし、8等分に分割する。生地が切れないように注意しながら卵形に丸め、閉じ目を摘んでしっかり閉じる。

ベンチタイム

5 | 大きめのボウルを被せるか、密閉容器に入れて20分ほど置く。

成形

6 | 打ち粉をふった台に生地をのせ、手のひらで楕円形につぶし（A）、中心線に向かって生地をたたみ（B）、さらに半分にたたんで閉じ目を摘んでしっかり閉じる（C）。気持ち先端を尖らせるようにすると、美しい形に焼き上がる（D）。

7 | バットに閉じ目を下に、生地同士がくっつかないように並べる。フキンで仕切りを作ってもよい。

二次発酵

8 | しっかりラップを被せ、冷蔵庫で8時間以上寝かせる。生地は12時間以内に焼成するのがおすすめだが、24時間経っても使うことは可能。その場合、生地表面に小さな気泡がたくさん生じ、見た目と食感が少し損なわれるが、味は変わらない。

＊オーブンを230℃に予熱する。
＊天板にオーブン用シートを敷く。

焼成

9 | 天板に生地を並べ、打ち粉をふって1～2本切り込み（クープ）を入れる（E）。一度に焼けない場合は、切り込みを入れずに冷蔵庫で冷やしておく。

10 | 温めたオーブンに入れ、あればスチーム機能を使って14～19分焼く。

11 | 焼き色を確認し、きつね色になっていたらオーブンから取り出してケーキクーラーにのせて冷ます。やわらかな食感が好みなら、やさしい茶色に焼き上げ、ハードな食感が好みなら、しっかりきつね色になるまで焼く。

いなほ

いなほ

黒胡椒とマスタードを効かせたいなほ。
ビールのおつまみにもなると、男性にも人気です。

材料 〈8個分〉

強力粉　150g

中力粉　100g

ドライイースト　2.5g

塩　5g

冷水　160㎖
（水でキンキンに冷やしておく）

具材

　| 粒マスタード　適量

　| ベーコン（ハーフサイズ）　8枚

　| 黒胡椒　適量

作り方

生地をこねる

1｜ボウルに具材以外の材料を入れて混ぜ、3分ほど軽くこねる。この時点で生地の表面はゴツゴツしていてよい。

一次発酵

2｜生地を丸く整え、オリーブオイル（分量外）を薄く塗ったボウルに入れる。湯の入ったマグカップとともに大きめのボウルを被せ、60分ほど置く。生地の温度や環境、季節によって最適な時間が変化する。マグカップの湯が冷めたら、その都度湯を交換する。オーブンの庫内に湯を入れたマグカップとともに入れて発酵させてもよい。その場合も湯が冷めたら交換する。発酵の目安としては生地を指で押し、凹んだ穴がゆっくり戻ろうとする程度がよい。穴がすぐに戻ってきて、弾力がある場合は、もう少し時間を置く。

3｜ラップを被せ、冷蔵庫で1時間以上冷やす。この作業を行わないと、生地の締まりが悪くなり、二次発酵の間に生地が発酵し過ぎて焼成時にきれいな形を保てなくなる。

分割

4｜3を冷蔵庫から取り出し、打ち粉（分量外）をふる。ボウルをひっくり返して台にゆっくりと落とし、8等分に分割する。生地が切れないように注意しながら卵形に丸め、閉じ目を摘んでしっかり閉じる。

いなほ

ベンチタイム

5 | 大きめのボウルを被せるか、密閉容器に入れて20分ほど置く。

成形

6 | 打ち粉をふった台に生地をのせ、手のひらで楕円形につぶす。粒マスタード小さじ1/3ほどを全体に塗り(A)、ベーコン1枚をのせて黒胡椒少々をふる(B)。

7 | 縦半分にたたみ(C)、さらに半分にたたんで(D)、閉じ目を摘んでしっかり閉じる。

二次発酵

8 | バットに乾いたフキンを置き、ひだを寄せながら1本ずつ閉じ目を下にして並べる(E)。しっかりラップを被せ、冷蔵庫で8時間以上寝かせる。生地は12時間以内に焼成するのがおすすめだが、24時間経っても使うことは可能。その場合、生地表面に小さな気泡がたくさん生じ、見た目と食感が少し損なわれるが、味は変わらない。

* オーブンを230℃に予熱する。
* 天板にオーブン用シートを敷く。

焼成

9 | 天板に生地を並べ、キッチンバサミで斜めに深く切り目を入れて左に開き、同様にして右に開く(F)。これを3回くり返す。一度に焼けない場合は、ハサミを入れずに冷蔵庫で冷やしておく。

10 | 温めたオーブンに入れ、あればスチーム機能を使って14〜19分焼く。

11 | 焼き色を確認し、きつね色になっていたらオーブンから取り出してケーキクーラーにのせて冷ます。やわらかな食感が好みなら、やさしい茶色に焼き上げ、ハードな食感が好みなら、しっかりきつね色になるまで焼く。

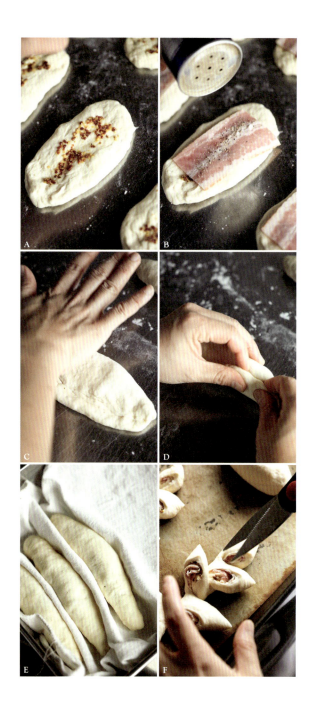

シナモンロール

一度冷凍、自然解凍することで生地が引き締まり、
ゆっくりじっくり発酵したような効果があります。
シナモンがお好きな方はたっぷり入れてください。

材料 （8個分）

中種
強力粉　350g
グラニュー糖　15g
ドライイースト　4.5g
ぬるま湯（30℃程度）　193g

生地
強力粉　150g
グラニュー糖　110g
塩　4g
スキムミルク　15g
卵　1個
水（常温）　60g
無塩バター　40g
（室温に戻す。生地と同じくらいのやわらかさがよい）

クレームダマンド
無塩バター　65g
（室温に戻す。生地と同じくらいのやわらかさがよい）
グラニュー糖　45g
アーモンドプードル　50g

アイシング
粉糖　230g
水　30g

ピスタチオ　適量

グラニュー糖　適量

シナモンパウダー　適量

作り方

中種を作る

1｜ボウルに中種の材料を入れ、全体を混ぜ合わせる。この時点で生地が26〜28℃だとよい。ラップを被せて28℃以上の室温で2〜2時間半発酵させる。気温の低い冬場は火を使っているキッチンに、または温かいオーブンの上に置くとよい。

生地をこねる

2｜ボウルに1、無塩バター以外の生地の材料を入れ、しっかり15分ほどこねる。生地がゆるく、こねにくいので、あればホームベーカリーを使用するとよい。全体がよく混ざったら、無塩バターを加え、表面にハリが出るまでさらにこねる。

一次発酵

3｜丸めた生地をボウルに入れてラップを被せる。湯を入れたマグカップとともにオーブンに入れて庫内が30℃になるようにし、2倍程度に膨らむまで50〜60分置く。生地の温度や環境、季節によって最適な時間が変化する。マグカップの湯が冷めたら、その都度湯を交換する。

クレームダマンドを作る

4｜ボウルに無塩バターを入れ、泡立て器でねっとりするまで混ぜ合わせる。

5｜グラニュー糖、アーモンドプードルの順に加え、その都度しっかり混ぜ合わせる。

成形

6｜3の生地が発酵したら（A）、打ち粉（分量外）をふった台にボウルをひっくり返して生地をゆっくり落とす（B）。生地にも打ち粉をふり、生地を広げる（C）。

7｜麺棒で厚さ1cm強、40×30cmの長方形にしっかりのばす（D）。このときにしっかり生地をのばしておかないと焼成中に巻いた生地がほどけやすくなってしまう。

8｜奥2cmを残し、のばした生地にクレームダマンドを均一に塗る（E）。その上に薄くグラニュー糖をふり、さらにシナモンパウダーをふる。

9｜海苔巻きを巻く要領で、手前から生地を少しずつ巻き込んでいく。両端が整うように両端を内側に巻き込むように巻いていくとよい（F）。

10｜巻き終わりの生地をしっかりと摘んで閉じ（G）、ラップでぴったり包んで冷凍する。

＊焼成する際は冷蔵庫で生地を解凍する。
＊オーブンを190℃に予熱する。

分割・焼成

11｜解凍した生地を8等分にし、天板にアルミカップを置くか、オーブン用シートを敷き、その上に生地をのせる（H）。

12｜温めたオーブンに入れ、きつね色になるまで8〜10分焼く。焼き上がったら、ケーキクーラーにのせて冷ます。

シナモンロール

仕上げ

13 | アイシングの材料を混ぜ合わせる。アイシングのかたさは、好みによって水を増やしたり、減らしたりして調整する。季節や粉糖の状態によっても、水分量は変わる。

14 | 冷ましたシナモンロールにアイシングをかけ、刻んだピスタチオをのせる。

パンのおとも

カフェスペースでゆっくりした時間を過ごしてほしいので、
パンと一緒に楽しめるスープなどもご用意しています。
パンに合う私が好きなお料理も紹介します。

お店でお出ししているのは、にんじんやトマト、
じゃがいもなどの野菜をたっぷり使ったスープ。
パンのおかずになるようにクリーミーに仕上げます。
おなかもしっかり満腹になり、身体も温まります。

パンと一緒に
楽しむスープ

にんじんとしょうがのスープ

……………………………………

身体も温まり、風邪予防になるように
たっぷりとしょうがを入れて作ります。

材料〈5人分〉

にんじん　3本
玉ねぎ　1個
しょうが　1かけ（10g程度）
固形コンソメ　1個
オリーブオイル　適量
塩　適量
胡椒　適量
パセリ（ドライ）　適宜

作り方

1｜にんじんは皮をむき、薄く輪切りにする。玉ねぎは縦半分に切り、繊維を裁ち切るように薄切りにする。しょうがは皮つきのままぜん切りにする。

2｜鍋を中火で熱し、オリーブオイルを入れて玉ねぎを炒める。

3｜玉ねぎが少し色づいてきたら、にんじんとしょうがを加えて軽く炒め合わせ、全体が被る程度の水（分量外）を加える。

4｜煮立ってきたら固形コンソメを加え、そのまま中火でじっくりにんじんが崩れる程度にやわらかく煮る。

5｜ミキサーに4を入れ、ピューレ状になるまで攪拌する。

6｜再び鍋に戻し、好みのとろみ加減になるように水適量（分量外）を加える。あまり水っぽいよりは、少しぽったりした感じのほうが美味しい。

7｜塩、胡椒で味を調える。作り立てよりも、しばらく置いた翌日のほうが美味しい。軽く温めて器によそい、好みでパセリをふる。

トマトクリームスープ

……………………………………

使う野菜は玉ねぎだけなので、とても手軽。
トマト缶をクリームコーン缶に替えると、
コーンクリームスープが作れます。

材料〈5人分〉

ホールトマト缶（カット）　1缶
玉ねぎ　1個
薄力粉　小さじ1
牛乳　2カップ
生クリーム　1カップ
固形コンソメ　1個
オリーブオイル　適量
塩　適量
胡椒　適量
パセリ（ドライ）　適宜

作り方

1｜玉ねぎは縦半分に切り、繊維を裁ち切るように薄切りにする。

2｜鍋を中火で熱し、オリーブオイルを入れて玉ねぎを炒める。

3｜玉ねぎが少し色づいてきたら、ホールトマトを加えて少し煮詰める。薄力粉を加えて混ぜたら、牛乳、固形コンソメを加えて混ぜ合わせる。少し煮立たせながら、2〜3分焦げつかないようにかき混ぜる。

4｜ミキサーに3を入れ、ピューレ状になるまで攪拌する。

5｜再び鍋に戻し、生クリームを加えて軽く温める。さらっとしたとろみが好みの場合は、牛乳適量（分量外）を加える。ただし、加え過ぎると分離してしまうので注意する。

6｜塩、胡椒で味を調える。作り立てよりも、しばらく置いた翌日のほうが美味しい。軽く温めて器によそい、好みでパセリをふる。

さつまいものスープ

ほんのり甘くスイーツのようなスープです。
1回ローストするひと手間で、甘く、美味しくなります。

材料〈5人分〉

さつまいも　1本（300〜400g程度）
玉ねぎ　1個
牛乳　1と1/2カップ
生クリーム　1/2カップ
固形コンソメ　1個
オリーブオイル　適量
塩　適量
胡椒　適量
パセリ（ドライ）　適宜

作り方

1｜さつまいもはよく洗い、オーブントースターにそのまま入れて30〜40分焼き、焼きいもを作る。

2｜玉ねぎは縦半分に切り、繊維を裁ち切るように薄切りにする。

3｜鍋を中火で熱し、オリーブオイルを入れて玉ねぎを少し色づくまで炒める。

4｜焼きいもの皮をむき、適度にほぐして3の鍋に加える。

5｜全体が被る程度の水（分量外）を加え、煮立ってきたら固形コンソメを加え、そのまま中火で焼きいもが崩れる程度にやわらかく煮る。

6｜ミキサーに5を入れ、ピューレ状になるまで攪拌する。水気が少な過ぎて、うまく回らない場合は水適量（分量外）を加える。

7｜再び鍋に戻し、牛乳と生クリームを加えて中火で温めながらスープの濃さを調整する。さらっとしたとろみが好みの場合は、牛乳適量（分量外）を加える。ただし、加え過ぎると分離してしまうので注意する。

8｜塩、胡椒で味を調える。作り立てよりも、しばらく置いた翌日のほうが美味しい。軽く温めて器によそい、好みでパセリをふる。

ビシソワーズ

ビシソワーズですが、
温かいままいただいても。
冷製スープは夏場、
食欲がないときの強い味方です。

材料〈5人分〉

じゃがいも　3個
玉ねぎ　1個
牛乳　1と1/2カップ
生クリーム　1/2カップ
固形コンソメ　1個
オリーブオイル　適量
塩　適量
胡椒　適量
パセリ（ドライ）　適宜

作り方

1｜じゃがいもは皮をむき、薄切りにする。玉ねぎは縦半分に切り、繊維を裁ち切るように薄切りにする。

2｜鍋を中火で熱し、オリーブオイルを入れて玉ねぎを炒める。

3｜玉ねぎがツヤツヤし、やわらかくなったら、じゃがいもを加えて少し透き通るまで炒める。

4｜全体が被る程度の水（分量外）を加え、煮立ってきたら固形コンソメを加え、そのまま中火でじっくりじゃがいもが崩れる程度にやわらかく煮る。

5｜ミキサーに4を入れ、ピューレ状になるまで攪拌する。水気が少な過ぎて、うまく回らない場合は水適量（分量外）を加える。

6｜再び鍋に戻し、牛乳と生クリームを加えて中火で温めながらスープの濃さを調整する。さらっとしたとろみが好みの場合は、牛乳適量（分量外）を加える。ただし、加え過ぎると分離してしまうので注意する。

7｜塩、胡椒で味を調えて火を止める。耐熱容器に移し、氷水で冷やす。粗熱が取れたら、冷蔵庫で冷やしてからいただく。冷やさずに、温かいまま飲んでも美味しい。器によそい、好みでにパセリをふる。

ラタトゥイユ

一度ローストするひと手間で煮崩れず、
野菜の甘み、旨みがぐっと引き出されます。

材料〈5人分〉

ズッキーニ　1本
なす　2本
玉ねぎ　1個
パプリカ（赤・黄）　各1個
にんにく　1かけ
ホールトマト缶（カット）　1缶
オリーブオイル　適量
塩　適量
胡椒　適量
パセリ　適宜

＊オーブンを190℃に予熱する。

作り方

1｜ズッキーニ、なす、玉ねぎ、パプリカは1cmの角切りにする。パプリカはピーラーで皮をむくと食感がよくなるが、そのままでもよい（A）。

2｜大きめの耐熱皿、またはバットに1を広げ、オリーブオイルをたっぷり回しかける。温めたオーブンで15～20分焼く。途中、6分ごとに全体を木ベラでかき混ぜ、均一に火が入るようにする。

3｜しんなりとしてきたら（B）、オーブンから取り出して塩と胡椒をふり、下味をつける。

4｜にんにくはみじん切りにする。フライパンにオリーブオイルとにんにくを入れて弱火で炒める（C）。

5｜香りが出てきたら、ホールトマトを加え、水分を飛ばしながら少し煮詰める。

6｜2の焼いた野菜を加え（D）、塩と胡椒で味を調える。作り立てよりもしばらく置いた翌日のほうが美味しい。好みで軽く温めて器によそい、オリーブオイルを回しかけ、ちぎったパセリをふる。

グリルチキン

オイルでマリネすることでやわらかくジューシーに。
ハーブはたっぷり使うと、香りよく仕上がります。

材料〈2人分〉

鶏もも肉　2枚
好みのフレッシュハーブ　適量
(ローズマリー、タイムなど)
にんにく　1かけ
オリーブオイル　適量
ベイクドポテト (作りやすい分量)
　じゃがいも　4〜5個
　オリーブオイル　適量
岩塩　適量

作り方

1｜にんにくは薄く輪切りにし、芯を取り除く。

2｜バットにラップを広げる。ハーブと1のにんにくを半量ずつ散らし、鶏肉を皮目を下にしてのせる。残りのハーブとにんにくを散らし、オリーブオイルをたっぷり回しかけてマリネする。

3｜ラップをぴったり被せ、冷蔵庫でひと晩置く。

＊オーブンを190℃に予熱する。
＊天板、もしくはバットにオーブン用シートを敷く。

4｜ベイクドポテトを準備する。じゃがいもはタワシなどでよく洗い、芽を取り、ところどころピーラーで皮をむく。くし形切りにし、水に10分ほど浸してアクを抜く。鍋にじゃがいもと被る程度の水 (分量外) を入れ、強火にかける。沸騰直前でザルに上げて水気をきる。軽く茹で、でんぷんを取り除いてから焼くことで表面がパリッと焼ける。

5｜少し多めのオリーブオイルをフライパンに入れて弱火で熱する。マリネで使ったハーブとにんにくを炒め、香りが出たら取り出しておく。香りが移ったオイルも別の容器に取り出す。同じフライパンに鶏肉の皮目を下にして入れ、中火にして皮目から焼く。香ばしい焼き目がついたら、裏返して軽く焼き、オーブン用シートを敷いた天板に鶏肉の皮目を上にしてのせる。ベイクドポテトのじゃがいもも端にのせ、オリーブオイルを全体に回しかける。

6｜温めたオーブンで鶏肉は10〜15分、ベイクドポテトは20分ほどパリッと香ばしく焼く。好みでローズマリーをのせて焼いても美味しい。

7｜器にチキンとポテトを盛る。取っておいたハーブとにんにくを添え、香りが移ったオイルを回しかけて岩塩を散らす。

オムレツ

パンに合うので、よく週末に作るオムレツ。
チーズをたっぷり入れるのがおすすめです。

材料〈1人分〉

卵　2個
ベイクドポテト (p.66)　3個
レッドチェダーチーズ　大さじ1〜2
バター　適量
塩　適量
胡椒　少々
グリーンサラダ
　好みの葉野菜
　オリーブオイル　適量
　塩　ひとつまみ

作り方

1｜ボウルに卵を割りほぐし、塩と胡椒を加えて混ぜ合わせる。ベイクドポテトは2〜3等分に切る。

2｜直径20cmほどの小さめのフライパンを強めの中火に熱し、バターを入れる。バターが溶けたら一度火を止め、1を流し入れ、弱火にかける。

3｜菜箸でくるくるかき混ぜながら、半熟状態にする。ベイクドポテトとレッドチェダーチーズ をのせ、半分にたたんで皿に盛る。葉野菜を添え、オリーブオイルを回しかけ、塩をふる。キャロットラペもつけ合わせると、彩りもよい。

キャロットラペ

お店定番のラペは太めに切って食感よく作ります。
はちみつを効かせて、少し甘めにするのがうぐいす流です。

材料〈作りやすい分量〉

にんじん　2本
はちみつ　大さじ2
白ワインビネガー　大さじ2
オリーブオイル　大さじ1と1/2
塩　小さじ1強
胡椒　少々

作り方

1｜にんじんは皮をむき、太めのせん切りにする。

2｜ボウルに切ったにんじんを入れ、残りの材料を加えて混ぜ合わせる。

3｜保存容器に移し、冷蔵庫でひと晩置き、味を馴染ませる。冷蔵庫で4〜5日間保存可能。

キッシュ、焼き菓子

しっとり、ほどよい甘さのパウンドケーキに、
クッキーにスコーン、ビスコッティは噛みしめるごとに滋味深く、
コーヒーやハーブティーとともに楽しめます。

キッシュタルト

アパレイユの甘さを引き立てる、少し塩気の効いた生地。
小さく焼いているので、サクッとした食感も長持ちします。

材料〈直径8cmセルクル型・6個分〉

生地

中力粉　120g

塩　2g

無塩バター　60g
（1cm角に切り、冷やしておく）

卵　1/2個（割りほぐしておく）

冷水　大さじ2

アパレイユ

卵　1個

牛乳　100g

生クリーム　50g

塩　ひとつまみ

胡椒　適量

ナツメグパウダー　適量

具材

レッドチェダーチーズ（シュレッド）　適量

ミニトマト　3個（半分に切る）

ベーコン（ハーフサイズ）　2枚（3等分に切る）

グラナパダーノチーズ　適量
（または粉チーズ）

パセリ（ドライ）　適量

作り方

生地を混ぜる

1｜生地を作る。フードプロセッサーに中力粉、塩、無塩バターを入れて攪拌する。粉とバターが混ざり、さらさらのそほろ状になったらボウルに取り出す。真ん中を凹ませて卵を加え、カードで切るように手早く混ぜ、冷水を半量加えて混ぜる。生地のかたさを見ながら、残りの冷水を加えて全体がまとまるまで混ぜ合わせる。季節によって多少水の量が変わるのでまとまり方に応じて加減する。ラップでぴったり包み、冷蔵庫で2時間以上冷やす。

キッシュタルト

型に生地を敷く

2 | 冷蔵庫から生地を取り出して6等分にし、打ち粉（分量外）をふった台にのせる。粉をふりながら、麺棒で直径12cmの円形にのばす（A）。

3 | のばした生地をセルクル型に底の角までしっかり敷き込む（B）。麺棒を転がしながらはみ出た生地を落とす（C）。バットなどに並べ、再び冷蔵庫で30〜60分冷やす。

* オーブンを190℃に予熱する。
* 天板にオーブン用シートを敷く。

生地を空焼きする

4 | 生地を冷蔵庫から取り出し、パイストーン、もしくは米などをアルミホイルで包んだもので重石にし（D）、天板に並べる。温めたオーブンで15〜20分焼き色を見ながら空焼きする。生地が焼き上がったら、重石と型を外し、ケーキクーラーにのせてしっかり冷ます。オーブン用シートを敷いた天板は再度使う。

* 再度オーブンを190℃に予熱する。

焼く

5 | アパレイユを作る。ボウルに卵を割りほぐし、残りの材料を加えてよく混ぜ合わせる。

6 | 冷ました生地を天板にのせ、レッドチェダーチーズ、ミニトマト、ベーコンの順に入れ、アパレイユを8分目まで流し込む（E）。

7 | 表面にグラナパダーノチーズをすりおろし（F）、温めたオーブンで15〜20分焼く。

8 | オーブンから取り出し、ケーキクーラーにのせて冷まし、パセリをふる。

3種のスコーン

基本の生地の配合は一緒ですが、
プレーンで焼いたり、チョコを混ぜて焼いたり
いろいろアレンジできます。
表面に凹凸があるように成形すると、
焼き上がりにザクザクとした食感が生まれます。

3種のスコーン

....

生地はあまり混ぜ過ぎないのがコツ。
焼き立てはやわらかいので、やさしく扱ってください。

◎ プレーン

材料〈9個分〉

薄力粉　180g

強力粉　90g

全粒粉　90g

ベーキングパウダー　10g

グラニュー糖　90g

無塩バター　125g（1cm角に切り、冷やしておく）

牛乳　120〜125g（季節により加減する）

作り方

1｜大きめのボウルに無塩バターと牛乳以外の材料を入れ、さっくりと混ぜ合わせる。

2｜フードプロセッサーに1、無塩バターを加えて攪拌する。粉とバターが混ざり、さらさらのそぼろ状になったら、ボウルに取り出す。一度に入りきらない場合は、数回に分けて攪拌する。

3｜ボウルに移し、真ん中を凹ませて牛乳半量を加える。カードで切るようにさっくり混ぜ、残りの牛乳を加えて全体をさっくり混ぜ合わせる。季節によって多少牛乳の量が変わるので、まとまり方に応じて加減する。目安としては底から生地を返したときに少しだけ粉が残っている状態がよい。あまり混ぜ過ぎると、ベタッとした生地になってしまい、焼き上がりのザクザクとした食感がなくなってしまうので、少し粉っぽさが残る程度で止める。

4｜ラップで生地をぴったり包み、冷蔵庫で1時間以上しっかり冷やす。この状態で冷凍保存してもよい。使う際は冷蔵庫で解凍して使用する。

＊オーブンを200℃に予熱する。
＊天板にオーブン用シートを敷く。

5｜冷蔵庫から生地を取り出し、打ち粉（分量外）をふった台にのせる。4〜5cm程度に厚めに広げ（A）、表面は凸凹のまま直径5.5cmのセクレル型で抜き（B）、天板に間隔を空けて並べる（C）。セクレル型がない場合は、手で丸めてもよい。目安としては1個当たり80g程度になるように調整する。表面は凸凹しているほうがザクザクとした食感に焼き上がって美味しい。

6｜オーブンの温度を190℃に落として5を入れて、15〜20分様子を見ながら焼く。一度に焼けない場合は、抜いた残りの生地は冷蔵庫で冷やしておく。

7｜焼き上がったら、やわらかいのでそのまま冷ますか、そっと持ち上げてケーキクーラーにのせる。

◎ チョコ

材料〈9個分〉

薄力粉　180g

強力粉　90g

全粒粉　90g

ベーキングパウダー　10g

グラニュー糖　90g

無塩バター　125g（1㎝角に切り、冷やしておく）

牛乳　120〜130g（季節により加減する）

クーベルチュールチョコレート　50g
（スイート・ブロック）

作り方

「プレーン」と同じ。

チョコレートは1㎝角に切り、生地がおおかた混ざったタイミングで加える。

◎ 紅茶

材料〈9個分〉

薄力粉　180g

強力粉　90g

全粒粉　90g

ベーキングパウダー　10g

グラニュー糖　90g

セイロンティーの茶葉　15g（ミルで粉末状にしておく）

無塩バター　125g（1㎝角に切り、冷やしておく）

牛乳　120〜130g（季節により加減する）

作り方

「プレーン」と同じ。

セイロンティーの茶葉は粉と一緒のタイミングで加える。

2種のビスコッティ

コーヒーと一緒に楽しみたいビスコッティ。
変化球でサラミを入れても美味しいです。

◎ クランベリーと胡桃

材料〈10本分〉

薄力粉　150g
ベーキングパウダー　2g
きび砂糖　65g
卵　2個
ドライクランベリー　35g
胡桃　35g（粗く刻んでおく）

◎ チョコとアーモンド

材料〈10本分〉

薄力粉　150g
ベーキングパウダー　2g
きび砂糖　65g
卵　2個
チョコチップ　35g
アーモンド　35g（粗く刻んでおく）

作り方

「クランベリーと胡桃」と同じ。

作り方

＊オーブンを180℃に予熱する。
＊天板にオーブン用シートを敷く。

1｜大きめのボウルに卵を割りほぐし、薄力粉、ベーキングパウダー、きび砂糖を合わせてふるい入れる。ドライクランベリーと胡桃も加え、カードで切るように混ぜる。あまり混ぜ過ぎると、ベタッとした生地になってしまうので、少し粉っぽさが残る程度で止める。

2｜天板に生地をのせ、生地全体にたっぷり打ち粉（分量外）をふって厚さ1.5cm、10×18cmの長方形に手でのばす（A）。

3｜温めたオーブンに入れ、170℃に温度を下げて25分ほど焼く。

4｜一度天板ごとオーブンから取り出し、幅1.5cmに切り分ける（B）。

5｜断面を上にして天板に並べ直し、オーブンの温度を160℃に下げて10分ほど焼く。再度天板ごと出して断面を裏返し、7分ほど焼く。焼き上がったら、ケーキクーラーにのせて冷ます。

胡桃のクッキー p.84 »

チョコチップクッキー p.85 »

胡桃のクッキー

お店でも大人気のクッキーです。
雪のようにたっぷり粉砂糖をまとわせて。

材料〈20個分〉

薄力粉　100g
アーモンドプードル　35g
きび砂糖　30g
無塩バター　60g（室温でやわらかくしておく）
胡桃　35g（粗く刻んでおく）
粉糖　適量

作り方

1｜ボウルに無塩バターを入れ、泡立て器でねっとりするまで混ぜ合わせ、きび糖を加えてふわっとするまで混ぜ合わせる。

2｜薄力粉とアーモンドプードルをふるいながら、数回に分けて加え、ゴムベラで切るように混ぜる。

3｜おおかた混ざったところで胡桃を加え、さっくり全体を混ぜ合わせる。ラップでぴったり包み、冷蔵庫で1時間以上しっかり冷やす。生地を冷やす時間が足りないと、つぶれたクッキーになってしまう。

4｜冷蔵庫から生地を取り出し、約10gを取って手のひらで握るように手早く丸め（A）。バットなどに並べ、再度冷蔵庫に入れて1時間ほど冷やす。

＊オーブンを180℃に予熱する。
＊天板にオーブン用シートを敷く。

5｜天板に4を並べ、温めたオーブンに入れてきつね色になるまで15分ほど焼く（B）。

6｜焼き上がったら、やわらかいのでそのまま冷やすか、そっと持ち上げてケーキクーラーにのせる。冷めたらボウルに入れた粉糖をたっぷりまぶす。

チョコチップクッキー

米粉で作るチョコ入りクッキーは
チョコチップとオートミールをたっぷり使い、
食べ応えのある食感にします。

材料〈約14枚分〉

米粉　100g
薄力粉　20g
ベーキングパウダー　小さじ1
塩　ひとつまみ
無塩バター　90g（室温でやわらかくしておく）
グラニュー糖　50g
卵　1個
チョコチップ（スイート）　90g
オートミール　80g
（フライパンで香ばしく炒っておく）

作り方

1｜ボウルに無塩バターを入れ、泡立て器でねっとりするまで混ぜ合わせ、グラニュー糖を加えてさらに混ぜ合わせる。しっかり混ざったら、卵を割りほぐして加え、混ぜ合わせる。

2｜米粉、薄力粉、ベーキングパウダー、塩をふるいながら加えて混ぜ合わせる。

3｜5割ほど混ざったところで、チョコチップとオートミールを加え、均一になるようにさっくり混ぜ合わせる。

4｜ラップを大きく広げて生地をのせる。直径5cm程度の棒状に形を整えてラップでぴったり包み（A）、冷蔵庫でひと晩冷やす。

＊オーブンを180℃に予熱する。
＊天板にオーブン用シートを敷く。

5｜冷蔵庫からクッキー生地を取り出す。ラップを外し、8mm厚さに切り（B）、形を丸く整えて天板に並べる。

6｜温めたオーブンに入れて10～15分焼き、ケーキクーラーにのせて冷ます。一度に焼けない場合は2回に分け、残った生地は冷蔵庫で冷やしておく。

けしの実と
クリームチーズの
パウンドケーキ

けしの実はたっぷり入れてプチプチした食感に。
酸味のあるジャムとよく合います。

材料〈22×6×高さ6cmのパウンド型・1個分〉

無塩バター　100g（室温でやわらかくしておく）
グラニュー糖　100g
卵　2個
薄力粉　250g
ベーキングパウダー　小さじ1
牛乳　70g
けしの実（青）　20g
クリームチーズ　150～200g
好みのジャム　適宜

作り方

＊パウンド型にオーブン用シートを敷いておく。
＊オーブンを180℃に予熱する。

1｜ボウルに無塩バターを入れ、泡立て器で白っぽくふわふわするまで混ぜ合わせる。グラニュー糖を加えてさらに混ぜ合わせる。

2｜別のボウルに卵を割りほぐし、数回に分けて1のボウルに加え、混ぜ合わせる。

3｜薄力粉とベーキングパウダーをふるいながら数回に分けて加え、ゴムベラで切るように混ぜる。

4｜5割ほど混ざったところでけしの実と牛乳を加え、さっくりと全体を混ぜる。

5｜型に生地を6分目程度まで入れ、スプーンですくったクリームチーズを均等にのせ（A）、残りの生地をのせて表面を平らに整える（B）。型ごと軽く台に打ちつけ、生地の中にある大きな空気を抜く。

6｜温めたオーブンに入れて20分ほど焼き、170℃に下げてさらに10分焼く。竹串を刺し、生地がついていなければ、オーブンから取り出す。ケーキクーラーにのせて冷まし、冷めたらオーブン用シートごと型から取り出す。

7｜切り分け、好みでジャムを添える。

バナナとチョコのパウンドケーキ

お店を始める前から作り続けているケーキ。
チョコとバナナを組み合わせた、お店の定番菓子です。

材料 〈22×6×高さ6cmのパウンド型・1個分〉

無塩バター　70g（室温でやわらかくしておく）

グラニュー糖　70g

卵　1個

薄力粉　165g

ベーキングパウダー　小さじ1

牛乳　40g

バナナ　2本

クーベルチュールチョコレート　80g
（スイート・ブロック）

ホイップクリーム　適宜

ミント　適宜

作り方

＊ パウンド型にオーブン用シートを敷いておく。

＊ オーブンを180℃に予熱する。

1 ｜ ボウルに無塩バターを入れ、泡立て器で白っぽくふわふわするまで混ぜ合わせる。グラニュー糖を加えてさらに混ぜ合わせる。

2 ｜ 別のボウルに卵を割りほぐし、数回に分けて1のボウルに加え、混ぜ合わせる。

3 ｜ 薄力粉とベーキングパウダーをふるいながら、数回に分けて加え、ゴムベラで切るように混ぜる。途中牛乳を加え、8割ほど混ざったところで止める。

4 ｜ バナナは皮をむいて2cm厚さの輪切り、チョコレートは1.5cm角に切り、3のボウルに加え、さっくりと全体を混ぜ合わせる。型に入れ、表面を平らに整える。型ごと軽く台に打ちつけ、生地の中にある大きな空気を抜く。

5 ｜ 温めたオーブンに入れて20分ほど焼き、170℃に下げてさらに10分焼く。竹串を刺し、生地がついていなければ、オーブンから取り出す。ケーキクーラーにのせて冷まし、冷めたらオーブン用シートごと型から出す。

6 ｜ 切り分け、好みでしっかり泡立てたホイップクリーム、ミントを添える。

身体を癒すハーブティー

コーヒーとともに私がお店で出したかったのがハーブティーです。
季節や気温に応じて、お客様の体調を想像しながら、
少しでも元気に、笑顔になって、リラックスしてもらえたらと
ハーブをブレンドしてお出しします。

「うぐいすと穀雨」でよく使うハーブ

ハーブの効能、香り、味を組み合わせれば、自分でオリジナルのハーブティーを作ることもできます。
「うぐいすと穀雨」でよく使うハーブを参考までにご紹介します。

レッドクローバー
（効能：生理痛や更年期障害の緩和）
日本の野原や河原に咲いているアカツメクサ。女性ホルモンを整えてくれます。

ローズヒップ
（効能：美肌・風邪予防・利尿作用）
ビタミンCをレモンの20〜30倍含んでいる実は、美肌や、風邪予防の強い味方です。

ラベンダー
（効能：安眠・ストレス緩和・消化促進）
古代ギリシャでは怒りを鎮め、心と身体を浄化するハーブとして大切にされてきました。清楚な香りが人気です。

ローズ
（効能：美肌・収斂作用・下痢予防）
上品な甘い香りにファンも多いローズ。リラックス効果をもたらし、美肌の効果も得られます。

レモンバーベナ
（効能：消化促進・疲労回復）
「ベルベーヌ」とも呼ばれ、フランスで親しまれているハーブです。とても美味しくて香りがよいので、「うぐいすと穀雨」でも出番の多いハーブです。

カモミール（効能：安眠・消化促進・更年期障害の緩和）
りんごのようなほんのり甘い、穏やかな香り。女性に嬉しい効能がたくさんあり、眠る前のお茶としても。

リンデンフラワー（効能：安眠・ストレス緩和・利尿作用）
私のとても好きなハーブのひとつ。優しい甘い香りがします。お湯の中で小さな花が開く様子も素敵です。

バタフライピー
（効能：疲れ目改善・アンチエイジング）
アントシアニンを含むブルーのお茶は、疲れ目やアンチエイジングに効果があります。

ヒース
（効能：美白・利尿作用）
美肌効果のあるハーブは珍しく、香りはほんのり梅のよう。見た目も可愛らしく、よく使うハーブです。

ネトル（効能：抗アレルギー・浄化作用）
春先の花粉症などの対策に用いるハーブです。葉酸や鉄分などを含み、血液を浄化してくれ、注目されています。

ハイビスカス
（効能：美白・疲労回復・利用作用）
酸味のある赤いハーブティーです。肉体疲労に効果があるので、疲労感を感じたときに飲んでいます。

季節のハーブティー

私が「うぐいすと穀雨」でお出ししている季節のハーブティーのブレンドです。
アイスにしても美味しくいただけます。その際は、濃いめに淹れて、氷で冷やしてください。

＊通年のブレンドのみ、福岡県の「KiKi Product（http://kikiproduct.com）」でブレンドしていただいています。

《春》	《夏》	《秋》	《冬》	《通年》
カモミール	バタフライピー	カモミール	リンデンフラワー	ヒース
ネトル	ヒース	ハイビスカス	エキナセア	レッドクローバー
レモンバーム	ラベンダー	ローズ	エルダーフラワー	ペパーミント
ラズベリーリーフ	レモンバーベナ	ローズヒップ		ユーカリ
エルダーフラワー	レモングラス			
	トゥルシー			
花粉症を和らげ、緊張をほぐします。	強い太陽の日差しから、肌を守ります。	夏に傷んだ肌をいたわります。	風邪の予防とリラックスに。	ホルモンバランスを整え、気分のリセットに。

| ハーブティーの淹れ方 |

ティースプーン山盛り1〜2杯をポットに入れる。
熱湯150〜180mlを注ぎ、3〜5分蒸らす。
アイスにする場合は、100mlの熱湯で濃いめに淹れ、氷を入れたグラスに注ぐ。

材料と道具

パンと焼き菓子作りにあると便利な道具、美味しく作れる材料を紹介します。
まずはパン作りの楽しさを知ってもらいたいので、あまりこだわらなくても大丈夫です。

◎ 粉類
強力粉、中力粉(準強力粉)は、主にパン作りに。薄力粉は料理とお菓子作りに使用します。国産、外国産、ブレンドしたものなど種類はたくさんありますが、手に入りやすいもので作ってみてください。次第に慣れてきたら、粉の風味や甘み、もっちり感など、自分好みの粉を選んで焼くのも楽しいです。

◎ ドライイースト
市販されているインスタントドライイーストでかまいません。「まいにち」「フランス」など、長時間発酵させるパンが多い「うぐいすと穀雨」では、量はあまり使用していません。使用後はしっかり密閉し、冷蔵庫で保管してください。

◎ ベーキングパウダー
「うぐいすと穀雨」ではアルミニウムフリーのものを使用しています。

◎ スキムミルク
「まいにち」「わっか」「シナモンロール」では、グルテンに影響を与えないスキムミルク(脱脂粉乳)を、牛乳の代わりに加えています。ほんのり牛乳の風味と香りがし、焼き色もきれいに出ます。

◎ バター
パン作りに欠かせないバターは、風味豊かなドイツ産の食塩不使用バターを使用しています。ミルキーな香りで、そのまま食べても美味しい、上質なものを使うのがおすすめです。

◎ 牛乳 & 生クリーム
牛乳は乳脂肪分が3.8%のしっかりしたタイプのものを使用しています。一方生クリームは乳脂肪分が少なめの38%を使用していますが、ホイップしにくいのでその場合は45%がおすすめです。

◎ 砂糖類
きび砂糖、グラニュー糖タイプのてんさい糖を砂糖として使用しています。きび砂糖はコクがあり、グラニュー糖タイプのてんさい糖はクセのない味と白い色がジャム作りに便利です。あまり気にせずにご家庭で愛用しているものでもかまいません。

◎ ベーカーズマヨネーズ
本書で紹介している「コーンパン」。マヨネーズは、ベーカーズマヨネーズを使用しています。普通のマヨネーズでは、焼いている間に溶けて流れてしまいますが、ベーカーズマヨネーズを使えば、コクのある風味とともにきれいな焼き残りが可能です。

◎ クーベルチュールチョコレート
焼き菓子にも度々登場するチョコレートは、クーベルチュールチョコレートを使用しています。手に入りにくい場合は、普通の製菓用チョコレートでもかまいません。

◎ 食パン型

「まいにち」を焼いてみたいという方は、食パン型が必要です。「うぐいすと穀雨」では半斤型で焼いています。レシピでは半斤型2個分のレシピになっていますが、1斤型1個をご用意いただいても大丈夫です。

◎ パウンド型

パウンド型は22×6×高さ6cmの大きさを使用しています。使用する際はオーブン用シートを敷いてから生地を入れます。

◎ デジタルスケール

パンも焼き菓子も材料はグラム表記がほとんどです。材料をきちんと量るためにも必要です。

◎ 温度計

生地の発酵温度を測るのに、あると重宝します。

◎ 粉ふるい

ストレーナーとも呼ばれます。漉し器や、目の粗過ぎないザルでも代用できます。

◎ スケッパー & カード

スケッパーは生地を分割する作業で使用します。なければ、カードで代用してもかまいません。カードは、生地をすくったり、まとめたりするのにもあると便利です

◎ ゴムベラ

生地を混ぜたり、こねたりする際に使います。大きめのしっかりしたものを選ぶと作業がしやすいです。

◎ クープナイフ

「フランス」「ハーブ」などのハード系のパンに切り込み（クープ）を入れる際に使います。切れ味のよいものを使うと、きれいなクープが入ります。

◎ 麺棒

生地をのばしたり、パンを成形するときだけでなく、お菓子作りでも使います。木製の場合は、洗ったあとはよくふき、きちんと乾燥させてください。

◎ ケーキクーラー

焼いたパンやお菓子を冷やすのに使います。

◎ オーブン用手袋

ミトンよりも指先が動き、使い勝手がよいです。ヤケドの心配もなく、作業しやすいのが特徴。厚手の軍手を2枚重ねて代用も可能です。

鈴木 菜々　NANA SUZUKI

1985年東京生まれ。高校時代よりお菓子づくりの楽しさに目覚め、レシピを研究。飲食店やベーカリーで修業ののち、2015年1月に東京・雑司ヶ谷に「うぐいすと穀雨」をオープン。古道具と季節の花に囲まれた店内は、心が落ち着けられる場所として、老若男女問わず、支持されている。

http://www.uguisu-kokuu.com

装幀　湯浅 哲也 (colonbooks)
撮影　白石 和弘
編集　小池 洋子 (グラフィック社)

Special Thanks:
　もずく、はいいろオオカミ＋花屋 西別府商店 (http://haiiro-ookami.com)

うぐいすと穀雨の
パンとお菓子

2019年5月25日　初版第1刷発行

著　者：鈴木 菜々
発行者：長瀬 聡
発行所：株式会社グラフィック社
〒102-0073 東京都千代田区九段北1-14-17
tel. 03-3263-4318（代表）　03-3263-4579（編集）
郵便振替　00130-6-114345

http://www.graphicsha.co.jp

印刷・製本：図書印刷株式会社

定価はカバーに表示してあります。
乱丁・落丁本は、小社業務部宛にお送りください。小社送料負担にてお取り替え致します。
著作権法上、本書掲載の写真・図・文の無断転載・借用・複製は禁じられています。
本書のコピー、スキャン、デジタル化等の無断複製は著作権法上の例外を除き禁じられています。
本書を代行業者等の第三者に依頼してスキャンやデジタル化することは、
たとえ個人や家庭内での利用であっても著作権法上認められておりません。

ISBN 978-4-7661-3245-8　Printed in Japan